PAUL MONTARLOT

AUTOUR DE NICE

AUTUN
IMPRIMERIE DEJUSSIEU PÈRE ET FILS
1893

L.K⁷
28584

PAUL MONTARLOT

AUTOUR DE NICE

✳

AUTUN
IMPRIMERIE DEJUSSIEU PÈRE ET FILS
1893

AUTOUR DE NICE

I

PHILOSOPHIE DU CARNAVAL

Quand on parle de Nice, deux images distinctes se présentent à l'esprit. C'est d'abord un printemps radieux au bord d'une mer d'azur, un soleil triomphant, un cadre de montagnes aux reliefs délicatement ciselés, des fleurs en janvier et une verdure éternelle qui raie l'hiver du calendrier. C'est aussi le carnaval traditionnel avec ses pompeux cortèges, ses batailles de fleurs et de confetti, ses cavalcades, sa gaieté débordante.

Mais que dire à ce double propos

qui n'ait été répété mille fois? Si les étrangers affluent à Nice, c'est qu'ils savent depuis longtemps que, pendant les six mois de la saison, ils auront le plaisir de compter cent deux beaux jours contre quarante et un jours nuageux et trente-six jours pluvieux. Et lors même que des observations précises n'établiraient pas que la température moyenne de l'année est de 15°7 sur les rives du Paillon, alors qu'elle est de 10°7 à Paris et de 9°8 à Londres, les palmiers et les cactus en fourniraient une preuve vivante.

Le carnaval ne prête pas à des aperçus plus neufs. Le programme n'en varie guère : corso de gala, défilé de mascarades, redoute, veglione, etc., c'est tous les ans la même série de divertissements. Les chars peuvent être plus ou moins ingénieusement décorés, les masques plus ou moins drôles; mais c'est le ciel surtout, plus que le comité des fêtes, qui détermine les différences d'une année à l'autre. Quand le soleil brille constamment, — et il n'a pas manqué à ce devoir en 1893, — c'est un spectacle extrêmement original que celui de cent cinquante mille personnes masquées et travesties, gesticulant, dansant, tourbillonnant dans les rues enguirlandées. Il y a là une orgie de couleurs, un déchainement de joie, un tumulte de cris, de rires et de musique qui dépassent de beaucoup la mise en scène des plus étonnantes féeries.

Parfois de menus accidents se produisent. Un des chars les plus remarqués promenait un « hypnotiseur » colossal qui, de temps à autre, levait les bras et magnétisait une femme en carton. Je le regardais, hypnotisé moi-même par ses grands yeux fixes, quand un branle-bas imprévu s'opère sur le char. Tous les figurants s'agitent et se démènent comme des aliénés. C'est le feu qui éclate. Une gerbe de flamme sort brusquement de la tête du géant. La foule se répand en exclamations ; à défaut d'eau, les masques jettent des pelletées de confetti sur le foyer de l'incendie ; mais comment éteindre ce mannequin essentiellement combustible ? Le feu n'en fait qu'une bouchée et, en un instant, tout brûle du haut en bas. Vainement cherche-t-on à faire tomber l'hypnotiseur sur la chaussée : il tient bon. C'est même, dans le désarroi général, un spectacle profondément comique que de voir les figurants le saisir par ses gros doigts et tirer de toutes leurs forces sans réussir à l'ébranler. On dirait une illustration de Gulliver. Cinq minutes après, le colosse n'était plus qu'une carcasse lamentable de fil de fer tordu et de bois à demi consumé.

L'épisode était suggestif. En quinze ans de mardi-gras politique, en avons-nous vu de ces grands hommes dont le pays magnétisé ne détachait pas ses regards et qui finissaient piteusement comme cette figure de carnaval? En avons-nous vu de ces renommées subitement obscurcies, de ces fétiches tombés de leur piédestal et aplatis dans la boue, de ces gloires évaporées au simple contact d'un petit papier? Et cependant nous sommes incorrigibles. Les peuples sont de grands enfants auxquels l'expérience ne profite pas. A peine le fantoche du jour s'est-il réduit en fumée que la foule court au-devant d'un autre fantoche que le même sort attend. L'un n'était qu'un mannequin bourré de paille et à la merci d'une allumette; l'autre ne sera qu'un magot de baudruche, et il suffira d'un coup d'épingle pour le dégonfler.

Je ne crois pas avoir besoin de chercher une transition pour rappeler que Gambetta est enterré à Nice. Son tombeau se trouve à peu près au point culminant du cimetière; mais on ne réussirait pas à le découvrir, si l'administration prévoyante ne l'avait flanqué d'un poteau indicateur. C'est un monument très petit, très banal, resserré entre deux autres sépultures et caché presque entièrement par une douzaine de couronnes. Gambetta repose là avec son père, sa mère et sa tante dont un médaillon en bronze retrace le profil. Cette simplicité n'est pas pour déplaire. L'homme a fait tant de bruit qu'on est presque touché de le voir dormir sous cette modeste pierre en compagnie des siens. Malheureusement ses amis ont tout gâté. Ils ont acheté à quelques pas de là un terrain d'une centaine de mètres carrés, ils l'ont fermé d'une vulgaire palissade, et, au milieu de ce rectangle, ils ont édifié une grosse pyramide en bois destinée à recevoir toutes les couronnes qui figuraient aux obsèques du dictateur. Bien fripées et bien lugubres, ces couronnes après dix ans de plein air ; mais les inscriptions en sont toujours lisibles. On retrouve l'hommage de toutes les loges maçonniques, « la Libre-Pensée, » « l'Espérance savoisienne, » « la Sincérité de Sedan, » etc. Les syndicats et corporations sont également au complet, depuis les « Républicains de Pantin » jusqu'aux « Voyageurs de commerce de Grenoble, » jusqu'à la « Société colombophile de la Ferté-Macé. » Je n'ai pas revu toutefois les couronnes des gymnastes et celles des cuisiniers dont la présence avait jeté tant d'éclat sur les funérailles.

C'est l'armée de l'athéisme qui a fourni la décoration de cette pyramide. Faut-il révéler que, par un singulier contraste, l'idée religieuse n'est pas absente du tombeau lui-même? J'ai lu sur une de ses couronnes l'inscription suivante : « Espérons en Dieu. » Mais peut-être vaudrait-il mieux ne pas le dire. Si les amis le savaient la couronne cléricale serait vite enlevée.

La pyramide est, du reste, bien à l'image de celui dont elle consacre le souvenir, théâtrale et tout en façade, énorme et creuse, prétentieuse et vide. L'action combinée des pluies et de la chaleur a disjoint les planches ; entre les couronnes on aperçoit la carcasse dégradée de cette bâtisse provisoire ; le cercueil qui a renfermé l'élu de Belleville pourrit aussi sur le sarcophage disloqué qui le porte. Pas une fleur n'égaie les abords de cette grande machine. C'est l'abandon, l'incurie, l'oubli navrant. En dix ans, les opportunistes n'ont pas su extraire de leurs bourses si bien remplies à nos dépens, de quoi élever un monument à la mémoire de celui auquel ils ont rendu, à sa mort, dans un pur intérêt de parti, les honneurs les plus ridiculement exagérés. Mais pourquoi le leur reprocher? Leur économique et lourde pyramide durera bien autant que le souvenir de Gambetta. Quand les planches noircies tomberont en poussière, quand la charpente s'effondrera, y aura-t-il encore quelqu'un pour donner un regret à l'encombrant personnage auquel nous devons le régime actuel avec ses pratiques financières, ses répugnantes convoitises et ses invraisemblables corruptions?

On ne s'attarde pas trop à philosopher dans ce cimetière. Quelle vue délicieuse du haut de sa colline ! Nice apparaît tout entière, adossée à un cirque de hauteurs verdoyantes ; Cimiez étale ses villas et ses jardins ; à l'arrière-plan se développe un hémicycle de montagnes fièrement profilées, dont la neige revêt perpétuellement les sommets. Au sud, la mer glauque marque d'une frange d'écume la courbe gracieuse de la baie des Anges, et son murmure domine les mille bruits de la cité, berçant de son rythme éternel le sommeil des morts.

Des souffles embaumés caressent les tombes, et, devant cette séduction de la nature, on oublie vite les fâcheux politiciens. Vainement les monuments dressent-ils de toutes parts leurs cippes fleuronnées : la forêt de marbre n'éveille aucune idée funèbre. Il n'y a pas de tristesse qui résiste à cette gaieté des choses, à cette vivifiante irradiation du soleil, à cette profusion de lumière qui teint le décor des plus magiques couleurs.

II

LES GORGES DU VAR

Connaissez-vous la Compagnie des chemins de fer du Sud de la France? Non? Eh bien! c'est un tort. Cette compagnie a construit et exploite à l'heure présente quatre cents kilomètres de voies ferrées, sans parler du réseau des tramways à vapeur de la Côte-d'Or, qui ne compte pas moins de cent cinquante kilomètres. J'ignore quel peut être le rendement de ces lignes et quel avenir les attend. L'intérêt qu'elles offrent aux touristes me touche plus que ceux qu'elles réservent aux actionnaires. Si la Compagnie du Sud n'avait pas ou d'autre souci que de ménager d'agréables excursions, elle n'aurait pas mieux réussi. Soit qu'on suive le littoral d'Hyères à Saint-Raphaël, soit qu'on s'aventure dans les gorges du Var entre Nice et Puget-Théniers, soit qu'on traverse la vallée du Loup en allant à Grasse, on voit se dérouler une succession de sites tour à tour charmants et farouches, dont l'abord était difficile avant la création du chemin de fer et que les voyageurs, souvent pressés, inscrivaient trop rarement dans leur itinéraire.

Prenons la ligne de Nice à Puget-Théniers. Il y a vingt-cinq ans, les plus braves auraient reculé devant les moyens de transport. On faisait d'abord une vingtaine de kilomètres dans une mauvaise carriole qui vous déposait au hameau de Saint-Isidore ; on continuait la route à pied pendant trois ou quatre kilomètres ; on profitait ensuite d'un chemin de fer provisoire qui servait à la construction de la digue du Var, et on parcourait une dizaine de kilomètres sur un truck simplement planchéié. A Saint-Martin du Var, on frétait une voiture particulière jusqu'à Touët de Beuil. A partir de cette dernière localité, la route n'était plus carrossable, et il fallait achever le voyage soit à pied, soit à dos de mulet, par des sentiers pénibles. Bref, on en avait pour une longue journée et quatre modes de locomotion. Plus récemment, l'établissement de la route avait modifié cet état de choses, et une voiture publique faisait le service en neuf ou dix heures. Depuis quelques mois, ce n'est plus qu'une promenade qu'on peut accomplir, aller et retour, en une demi-journée. Trois heures suffisent pour franchir les cinquante-neuf kilomètres qui séparent Nice de Puget-Théniers, et l'excellence du matériel roulant exclut toute fatigue.

Un fourgon pour la poste et les bagages, une longue voiture divisée en deux classes, et voilà le train formé. Par les larges vasistas, la vue s'étend librement sur le paysage, et, si le compartiment est tourné en queue, on a de la plate-forme une perspective aussi complète qu'on peut la désirer.

En quittant la banlieue de Nice, on coupe le vallon du Magnan, près de l'église de Sainte-Madeleine, et, au sortir d'un long tunnel, on descend vers le Var. De ce côté, des travaux de colmatage ont conquis à la culture une vaste étendue de terrain. Le fleuve a été endigué par la route nationale de Nice à Barcelonnette, au moyen des dépôts d'alluvions laissés par ses eaux bourbeuses ; le sol, jusqu'alors bas et marécageux, a été exhaussé, drainé, assaini ; des vergers, des prairies, des oseraies soigneusement irriguées ont été le prix de ce labeur. Le Var, si terrible parfois, semble bien anodin ; à peine aperçoit-on quelques filets d'eau qui serpentent à travers les cailloux et découpent de bizarres îlots. Des villages hérissent les hauteurs de la rive droite, Gattières, Carros, Bonson, Gilette, grisâtres, ramassés, rébarbatifs, véritables nids d'aigle qui réveillent les souvenirs de la vie féodale et de l'occupation sarrasine.

Au bout de la vallée largement ouverte, des crêtes s'emmêlent, s'entrecroisent ; des pyramides d'un bleu sombre surgissent à divers plans. Tout au fond, dans la direction de Coni et du col de Tende, les Alpes se drapent dans leur manteau de glace. C'est la

barrière grandiose qui sépare le comté
de Nice des plaines du Piémont.

A Colomars, la voie se bifurque.
Une ligne, franchissant le Var, se rend
à Grasse, tandis que l'autre remonte
le fleuve jusqu'à Puget-Théniers. La
station de Colomars est en pans de
bois avec des remplissages en briques.
Ces matériaux ont été imposés par
l'administration de la guerre qui, prenant prétexte de la position stratégique du bâtiment, n'a pas voulu
laisser entrer une seule pierre dans
sa construction. Quelle chinoiserie !
Des exemples concluants nous ont
cependant prouvé qu'avec quelques
cartouches de dynamite il était loisible de faire sauter prestement des
maisons à cinq étages. Est-ce que le
génie militaire en saurait moins làdessus que Ravachol ?

Plus loin, la vallée se rétrécit, les
pentes se redressent en falaises

abruptes ; la voie, portée, comme la route de terre, par des murs de soutènement, empiète quelquefois sur le lit du fleuve et on suit sans broncher les fantasques détours. En levant les yeux au ciel, on découvre, au sommet d'un à-pic formidable de plus de trois cent cinquante mètres, le village de Bonson. Des arbustes, des pins rabougris plongent leurs racines dans les moindres interstices et couronnent, comme des panaches, les indentations de l'escarpement. L'église pointe aux avant-postes, tout au bord de l'abime. Il faut vraiment que ses paroissiens aient la tête solide pour résister à l'attraction du vide effroyable qui se creuse à leurs pieds.

A mesure qu'on avance dans la gorge, elle prend un caractère plus prononcé d'affreuse sauvagerie. Quand ses parois ne sont pas absolument droites, les déclivités se couvrent de

« peyrades » formées par un écoulement de pierrailles que les pluies, les gelées et les vents ont détachées des sommets et accumulées en éventail à leur base. Une station se rencontre pourtant dans cette sinistre solitude. Un cirque de rochers, sans issue apparente, la serre et l'encaisse tellement de toutes parts qu'on se croirait au fond d'un précipice. Si la bonne femme qui remplit les fonctions de chef de gare est sensible à ces tragiques horreurs, elle est servie à souhait.

La section comprise entre cette station de la Tinée et la halte de la Mescla est le passage le plus captivant de la ligne. Les montagnes décharnées qui étranglent le cours du Var affectent presque la verticale ; mais il est impossible de voir d'en bas leurs sommets, qui n'atteignent pas moins de douze à quinze cents mètres. La roche, striée de crevasses, s'excave, se bombe, se relève en pylônes, s'élance en obélisques. Des teintes variées se peignent sur ses bancs calcaires, depuis le blanc presque pur jusqu'au jaune d'ocre, au brun rouge, au gris de fer. Çà et là, de maigres buissons s'agrippent aux fissures, comme pour interrompre la prescription qui, dans ce paysage de pierre, semble courir contre la végétation.

Si complaisant qu'il ait été jusqu'alors, le chemin de fer ne peut se soumettre aveuglément à tous les caprices du torrent. Le Var tourne brusquement à droite et décrit une boucle jusqu'aux approches de son confluent avec la Tinée. La voie le franchit sur un pont métallique et, l'abandonnant à sa fantaisie, s'enfonce dans un tunnel de neuf cent trente-cinq mètres. Quand on revoit le jour, le site est plus revêche, plus désolé, plus terrifiant que jamais. Le train s'arrête néanmoins à la Mescla. Pourquoi faire? Je ne m'en doute même pas, n'apercevant pas d'autres voyageurs possibles que ceux qui pourraient tomber de la lune. Il n'y avait pas seulement de place pour établir cette halte. Les ingénieurs lui en ont découpé une dans le rocher surplombant, qui a toujours l'air de dire à la station : Ote-toi de là que je m'y mette, et qui finira peut-être, un jour ou l'autre, par exécuter sa menace. C'est à se demander si la compagnie n'a pas voulu tenir une gageure. Elle l'a gagnée en tout cas, et c'est particulièrement dans ce parcours de la Tinée à la Mescla qu'elle a vaincu avec le plus d'éclat la résistance désespérée de la nature.

Cependant le Var a mis un terme à ses écarts. La voie l'a rejoint, et elle le remonte de nouveau sur un long mur de soutènement soudé aux saillies des parois. La gorge s'élargit enfin. Ce n'est pas sans surprise qu'aux alentours de Malaussène on découvre quelques prairies, des saules, des rangées de peupliers. A Villars du Var, des vergers, des vignobles, des plantations d'orangers et de mûriers témoignent de l'excellente exposition du pays, qu'un paravent de montagnes abrite des morsures de la bise. Bientôt, à trois cent quatre-vingt-dix mètres d'altitude, au pied d'un à-pic en forme de redan, se montre Touët de Beuil. Ses sombres logis se poussent et s'entassent sur le flanc du rocher, comme s'ils se disputaient la place. Pas une cheminée ne dépasse les combles, et chacune de ces masures est surmontée d'un séchoir ou hangar aérien qui découpe sous le toit un grand rectangle noir. Un torrent descend de l'à-pic, se faufile sous l'église même, et, sortant par une arche audacieusement jetée, tombe en cascade. On voit des effets analogues dans les paysages habilement composés de Hubert Robert ; mais ici l'imagination du peintre n'aurait rien à ajouter à la réalité.

La région du Gralet, qu'on traverse après le confluent du Var et de la Vésubie, offre une masse extraordinaire d'éboulis. Une cataracte de pierrailles s'échappe des pentes calcaires et s'étale en un immense delta. Ce passage n'est pas d'une gaieté folle; mais des cultures, des vignes, des jardins potagers, dont les terrasses ressemblent aux degrés d'un escalier cyclopéen, ne tardent pas à faire diversion. Puget-Théniers n'est pas loin. Ses chétives constructions se groupent sur les deux rives de la Roudoule, tout près de son confluent avec le Var. La station est établie sur un endiguement, à l'altitude de quatre cent sept mètres. Depuis Nice, le chemin de fer s'est ainsi élevé de trois cent quatre-vingt-trois mètres sur un parcours de cinquante-neuf kilomètres, sans que ses rampes aient jamais excédé deux et demi pour cent. Il s'arrête là pour le moment ; mais quand il sera complètement exploité entre Puget-Théniers et Digne, ce sera la voie la plus directe pour se rendre de Lyon à Nice. On gagnera cent kilomètres en passant par Grenoble, au lieu de faire le crochet par Marseille.

Toutefois, le bénéfice sera un peu illusoire. Les trains sont lents dans ces montagnes, et, contrairement aux axiomes de la géométrie, la ligne droite ne sera certainement pas le chemin le plus court.

Malgré sa sous-préfecture, Puget-Théniers a l'aspect d'un très médiocre chef-lieu de canton. La visite n'en est pas longue.

— Combien me faut-il de temps pour voir la ville? demandai-je à l'hôtesse à laquelle je commandais mon déjeuner.

— Le temps de cuire vos œufs à la coque, me répondit-elle sans hésiter.

Cinq minutes, en effet, suffisent largement, et même on a des loisirs qu'on ne sait comment employer. Une église bâtie, dit-on, par les Templiers, deux modestes hôtels, trois ou quatre maisons qualifiées ambitieusement de villas, tel est le bilan des édifices. Ailleurs ce ne sont que ruelles grimpantes, murailles lépreuses, logis malpropres. Sur une pente bien exposée s'élève cependant un ensemble de constructions neuves qui, vues de la gare, tiennent autant de place dans le paysage que la ville tout entière : ce sont les écoles laïques. On ne leur a marchandé ni l'espace ni la dépense. Pourquoi se gêner, d'ailleurs, quand c'est l'État qui paie la majeure partie des frais ?

Je disséquais une grive au coin d'un bon feu — car le climat de Puget-Théniers n'a rien de commun avec celui de Nice — lorsque l'hôtelier vint m'honorer de sa conversation.

— Est-ce qu'on cause un peu à Paris des affaires de Panama ? me demanda-t-il.

— Pas un peu, beaucoup, toujours, partout, à table, à pied, à cheval, en voiture, à ce point que j'ai été heureux de m'enfuir à Nice pour ne plus en entendre parler.

Le digne homme feignit de ne pas comprendre que je désirais déjeuner en paix, et il entama un commentaire des scandales du jour avec une si parfaite connaissance de son sujet qu'au dessert, entre deux variations sur les pots-de-vins, il me recommanda le fromage « chèque. »

En retournant à Nice, je déplorais presque le soleil et la clémence de la saison. D'autres circonstances ajouteraient à l'excursion un piquant assaisonnement. Ne serait-il pas, en effet, préférable de traverser les gorges à l'époque des pluies et des orages, quand des centaines de ruisseaux tombent des hauteurs, quand le Var roule à pleins bords ses eaux limoneuses, quand il bat avec colère ses berges étroites et lance ses vagues à l'assaut de la voie ferrée, dont les solides terrasses défient ses efforts ? En présence de ce spectacle et pour peu que le tonnerre mêle sa basse aux rugissements du torrent, le touriste le plus blasé doit éprouver des émotions qui parfois même confinent à la terreur.

Mais d'autres impressions dissipèrent assez promptement ces regrets superflus. A deux heures, j'étais à Nice, et, dix minutes après, je prenais part à la bataille de fleurs, acclamant la belle Mme Théolia Mertens assise, comme une reine de féerie, sur un trône de violettes et de jonquilles, criblant de bouquets Mme Rimsky-Korsakoff adossée à un papillon géant dont les ailes étaient tissées d'œillets et de lilas, applaudissant au pousse-pousse japonais de la comtesse de Lagrange — ci-devant Léa d'Asco — ou bataillant avec les officiers de marine montés sur un facétieux navire en forme de sabot avec un bordage de cyclamens et un gréement de roses.

III

A CANNES PAR GRASSE

Entre Nice et Grasse, ce n'est plus l'âpreté inquiétante des gorges du Var. La nature a prodigué tous ses sourires à cette région; mais, dans sa libéralité, elle n'a pas ménagé non plus les reliefs, et la Compagnie du Sud, aux prises avec de graves difficultés, a dû multiplier les travaux d'art. Quatorze ponts et autant de tunnels, quinze viaducs, deux mille mètres de murs de soutènement, etc., expliquent les frais d'établissement de la ligne, qui se sont élevés en moyenne à cinq cent mille francs par kilomètre.

C'est à Colomars qu'on se sépare de l'embranchement de Puget-Théniers et qu'on passe le Var sur le beau pont à deux paliers de la Manda. On gravit ensuite les rampes de Gattières, sous le village de ce nom perché à cent quatre-vingts mètres au-dessus de sa halte. A mesure qu'on monte, l'horizon s'agrandit. Tous les sommets du voisinage, le mont Cima, le mont Chauve, le mont Agel, lèvent leurs têtes pelées par-dessus les coteaux du Var. Au faîte d'un mamelon que la voie contourne, les tours croulantes du château de la Gaude semblent garder encore le pays, comme à l'époque des Templiers. A la station de Saint-Jeannet, on est déjà à deux cent soixante et un mètres ; mais le village qu'elle dessert est à une heure de marche. On l'aperçoit à deux cents mètres en l'air, sur les éboulis du Baou de Saint-Jeannet, dont l'escarpement se dresse, comme un redan formidable, à plus de huit cents mètres d'altitude. Un peu plus loin, le viaduc de la Cagnes offre une vue très pittoresque. A trente-cinq mètres au dessous de ses arches, le torrent se précipite en cascades vers des moulins, dont les roues noirâtres brisent ses eaux en gerbes scintillantes; des quartiers de roches encombrent son lit; des orangers et des citronniers s'alignent sur les terrasses des versants; des chênes et des pins marient, dans l'ombre du vallon, leur verdure intense au pâle feuillage des oliviers, tandis que la route de terre monte, descend, tournoie, revient sur elle-même, comme un ruban qu'emporte le vent.

Bientôt apparait la vieille cité épiscopale de Vence avec sa ceinture de murailles grises et de maisons rechignées qui s'enlèvent crûment sur le ciel. La mer bleuit par delà les derniers coteaux. A de courts intervalles, des tranchées entaillent les contreforts; des remblais, des murs de soutènement portent la voie suspendue au flanc des rochers ; des viaducs, juchés sur leurs hautes piles comme sur des échasses, enjambent de sombres ravins. Jadis les habitants de la région utilisaient pour leur sécurité les accidents de ce sol tourmenté. Quand le village de Tourrettes se montre sur son bloc de calcaire, rassemblant ses maisons délabrées autour d'un antique donjon, on croirait voir une de ces bourgades établies, comme des retraites inexpugnables, sur les pitons des Apennins, et telles que nous les retracent les tableaux des vieux maîtres italiens.

Tout à coup se creuse un profond abîme : c'est la vallée du Loup, célèbre dans tout le pays. De la corniche qu'il suit résolument, le chemin de fer domine un site d'une grandeur et d'une complexité saisissantes. L'œil sollicité de toutes parts plonge dans les dépressions, remonte les croupes boisées, s'égare dans les gorges latérales. Un point le fixe pourtant : c'est le village de Gourdon, niché à sept cent trente-huit mètres sur un redan du Baou de Rolland qui surplombe le Loup. L'aspect seul de l'escarpement donne le vertige. Les maisonnettes groupées sur ce pain de sucre, serrées les unes contre les autres dans une attitude défensive, semblent prêtes à verser dans le gouffre. Pas un arbuste, pas un brin d'herbe n'atténue la calvitie du rocher, qu'on dirait avoir été tranché d'un seul coup par la hache d'un Titan.

La voie descend vers la halte du Loup, et, d'un viaduc courbe, on découvre une partie de la « clus » farouche au fond de laquelle, à cinquante mètres plus bas, gronde le torrent. Il faudrait s'arrêter ici pour remonter à pied ce curieux défilé jusqu'à l'ermitage de Saint-Arnoux et même jusqu'au Saut du Loup; mais si un itinéraire trop strictement déterminé oblige à sacrifier cette promenade, le reste du parcours apporte de précieuses compensations.

Quatre kilomètres plus loin, on passe près du village du Bar, — l'Al-Bar des Sarrasins, — dont les terrasses plantées de vignes et d'orangers ouvrent une étonnante perspective sur la vallée du Loup. Et ce n'est pas la dernière surprise que réserve ce chemin de fer si artistement tracé. Quand on a franchi le tunnel du Pré-du-Lac et gagné la station de Magagnosc, à trois cent soixante-dix-sept mètres d'altitude, point culminant de la ligne, le rideau tombé un instant se relève sur un admirable décor. Grasse échelonne ses maisons blanches au revers du plateau de Ribes; des collines tapissées de verdure s'arrondissent avec une douceur infinie; des forêts d'oliviers ondoient avec les replis du sol; à vingt kilomètres, la mer étend sa nappe de turquoise pailletée d'étoiles; vers le sud-ouest, les épaulements de l'Esterel trempent leurs roches de porphyre dans les eaux du golfe de la Napoule. Mais que sert d'indiquer des lignes? Ce qu'il faudrait pouvoir exprimer, c'est la grâce de ce paysage élyséen, c'est la lumière fluide qui le baigne, c'est le charme de l'exubérante végétation qui s'épanouit dans la plaine et sur le penchant des coteaux, avec sa richesse de couleur et ses reflets de velours.

Grasse n'a que sa situation, mais elle suffit à sa gloire. Quand on a circulé une demi-heure dans les rues tortueuses de la vieille cité, on a hâte de revoir le soleil. Il n'y a pas de raison, du reste, pour s'y éterniser. Un embranchement de la Compagnie P.-L.-M. met Grasse en communication avec Cannes, et, en trente-cinq minutes de parcours entre des pins-parasols et des cultures de fleurs, on est au bord du golfe de la Napoule.

Quand le ciel est très pur, l'Observatoire établi à l'est de Cannes, sur les hauteurs de la Californie, offre un panorama d'une souveraine beauté. De ce belvédère, qu'on atteint en trois quarts d'heure d'ascension à travers une forêt odoriférante, le regard glisse tout de suite sur la surface irisée de la Méditerranée. L'île Sainte-Marguerite s'allonge, toute plate sous son revêtement de pins maritimes; un rayon oblique illumine les remparts du fort où fut détenu le Masque de Fer et d'où, moins bien gardé sans doute, s'échappa Bazaine. Au-delà d'un étroit canal, on aperçoit le donjon massif et le monastère de Saint-Honorat. A l'extrême horizon, la Corse dessine sa silhouette grandiose. Ses hautes montagnes couronnées de neiges, le Monte d'Oro, le Monte Cinto, le Monte Rotondo, découpent leurs dentelures sur le ciel. A deux cents kilomètres de distance, on distingue les champs de glace, les arêtes de rochers, les ombres mauves projetées par les saillies : vision qui participe à la fois du rêve par sa tonalité légère, presque immatérielle, et de la réalité par la précision des lignes.

Du sud-ouest au nord-est vingt-cinq lieues de côtes se déroulent sans obstacle. Au couchant, c'est le cap de Saint-Tropez qui marque le trait final ; au levant, c'est le promontoire de Bordighera, teinté d'azur par les reflets combinés du ciel et de la mer qu'il sépare. Mais, entre ces deux extrêmes, que de points attachants ! Tout près, le long du golfe Jouan, s'étend la presqu'île d'Antibes, dominée par le phare de la Garoupe; des villas éparses, la chapelle de Notre-Dame de la Garde, le Grand Hôtel du Cap émergent de ses bois de myrtes et de chênes verts. Nice est cachée, mais on voit l'Observatoire du mont Gros, la tour romaine de la Turbie, le mont Agel et la Tête-de-Chien, qui dressent au-dessus de Monaco leurs cimes inégales.

Aux pieds du spectateur, au-delà de la forêt de pins et des routes en lacets qui la sillonnent, Cannes se détache vivement sur le fond bleuté de l'Esterel. Au second plan, le Cannet éparpille ses maisons à l'extrémité du boulevard de la Foncière; Mougins coiffe un monticule; Vallauris se laisse entrevoir dans une éclaircie des frondaisons. Plus loin, au fond de la vallée de la Siagne, Grasse assied ses étages sur les flancs du Roquevignon. Le temps est si clair qu'à vingt kilomètres on reconnait parfaitement le château rose de la baronne de Rothschild et la vaste façade du Grand Hôtel où la reine d'Angleterre fixa sa résidence en 1891. Voici enfin les murs de Vence, la gorge du Loup, qui fait une grande tache sombre dans la montagne, l'escarpement de Saint-Jeannet, et, au nord-est, tout un monde de sommités neigeuses dont les silhouettes rigides et les abrupts grisâtres contrastent avec la riante végétation des premiers plans.

Faut-il ajouter que, du haut de cette plate-forme, au milieu de ces futaies qui dévalent en cascades de verdure, nul détail vulgaire ne vient gâter l'impression? Les rumeurs cadencées des vagues montent jusqu'au belvédère ; les pins frémissent doucement; le vent qui souffle du large mêle des senteurs marines aux effluves aromatiques de la forêt; une lumière argentée rayonne jusqu'aux derniers confins de l'horizon et répand à flots cette étincelante gaieté qui est peut-être le trait le plus caractéristique des pays du soleil.

IV

SUR LE LITTORAL

Cannes peut être le point de départ d'une attrayante excursion sur le littoral. En une heure on est à Saint-Raphaël. On sait le développement qu'a pris cette dernière localité. Le petit village de pêcheurs où Napoléon débarqua à son retour d'Égypte et d'où, par une étrange coïncidence, il fit voile pour l'île d'Elbe, est devenu à la fois une ville d'hiver et une station de bains de mer. La population, qui ne dépassait pas onze cent cinquante habitants, il y a un quart de siècle, a exactement triplé. Tout récemment, une basilique de style byzantin a remplacé la vieille église. Sur un parcours de plusieurs kilomètres, le boulevard Félix-Martin côtoie la mer, dont les lames frangées d'écume viennent battre ses substructions. De coquettes villas, de grands hôtels apparaissent au milieu des pins, des cistes et des chênes verts. C'est un séjour calme et salubre, encadré par six mille hectares de forêts et favorisé d'un climat aussi tempéré que celui de Cannes.

Alphonse Karr est un des premiers qui l'ont découvert. La Maison-Close, où il s'établit en quittant Nice et où il mourut le 30 septembre 1890, est un fort modeste logis avec une porte rustique et un mur de clôture très élevé qui ne laisse guère apercevoir que le pignon. Il est vrai de dire que la transformation de Saint-Raphaël en a singulièrement modifié les abords. « Je l'ai installée, » écrivait jadis

Alphonse Karr, « dans une situation à peu près inexpugnable. Notre jardin, au sud, est borné par la mer ; au nord, par le talus élevé de la voie ferrée ; à l'est, par le torrent du Robori ; l'ouest seul restait menacé ; mais j'y ai planté tant d'eucalyptus qu'il ne peut entrer de ce côté que les rossignols, qui ne s'en font pas faute : obéissant en cela à mon aphorisme imité de la Palisse : N'ayez pas de voisins, si vous voulez vivre en paix avec eux. » Les voisins sont venus, et l'impitoyable alignement du boulevard a supprimé, en coupant le jardin, le voisinage immédiat de la mer, qui constituait le plus grand charme de l'habitation.

Saint-Raphaël a deux gares situées côte à côte, celle de la Compagnie P.-L.-M. et celle des chemins de fer du Sud. La première de ces lignes s'éloigne aussitôt de la Méditerranée, et, jusqu'à Toulon, où elle la retrouve, traverse une région un peu monotone, entre la chaine des Maures et une série de coteaux boisés. La seconde, ouverte le 4 août 1890, suit le littoral jusqu'à Hyères. Elle est à peine plus longue, puisqu'en passant par cette voie on compte de Saint-Raphaël à Toulon cent quatre kilomètres, au lieu de quatre-vingt-quinze par la ligne P.-L.-M., et elle est beaucoup plus intéressante. Avec une docilité parfaite, elle se plie à tous les caprices de la côte et en épouse les sinuosités sans nombre, courant le long des plages, escaladant les falaises, contournant les anses, — les « calanques, » comme on dit ici, — sans se préoccuper jamais de prendre au plus court. C'est une des plus délicieuses promenades qu'on puisse faire en Provence, et la Compagnie du Sud mérite un bon point pour l'avoir ménagée aux touristes dans des conditions de vitesse et de confort qui en doublent le prix.

On est en quelques minutes à Fréjus. La mer a délaissé le port de Forum Julii, et la cité romaine en est aujourd'hui éloignée d'environ seize cents mètres. Au passage, on aperçoit ses monuments ruinés, les arènes, l'aqueduc, les remparts. Mais ce qui ne me frappe pas moins, c'est la vue de l'Argens qui coule à pleins bords. Eh quoi ! un fleuve où il y a de l'eau, quand ni le Var ni le Paillon ne se permettent pareil luxe ! Où allons-nous ?

De Saint-Aygulf, on embrasse tout le golfe de Saint-Raphaël et les chaînes de montagnes qui l'enserrent par zones concentriques. Une villa dont les toits rouges percent la verdure est celle du peintre Carolus-Duran. Des bois de chênes-liège, de pins, de myrtes couvrent toutes les ondulations du sol; une impression de fraîcheur et de sérénité se dégage du site; des émanations balsamiques flottent dans l'air. Cela sent bon sur toute cette ligne, et, si l'atmosphère recèle des microbes, ils ne peuvent être animés que des meilleures intentions. A quelque cent mètres, la mer, qu'on ne perd jamais de vue, déferle sur la plage. Souvent même, se rapprochant tout à coup, elle vient lécher le talus du chemin de fer et jette ses algues jusque sur les rails.

Quand on s'en écarte, c'est pour rentrer en pleine forêt. Çà et là des haltes aux noms d'opéra-comique, la Gaillarde, la Garonnette, etc. Personne n'y monte, personne n'y descend. Quelle amusante fantaisie que d'avoir établi des stations dans ce charmant désert!

Les points de vue ne laissent pas

de trêve à l'attention. Saint-Tropez se mire dans les eaux tranquilles de son golfe; Grimaud, ancien fief de la famille italienne Grimaldi, s'appuie au versant d'une éminence pommelée d'oliviers; deux tours rondes, qui pointent au sommet, et une enceinte presque intacte attestent l'importance passée de son château-fort; au fond de la baie, la station de la Foux dessert à la fois les villes de Cogolin et de Saint-Tropez, en attendant qu'un chemin de fer routier les rattache l'une et l'autre à la ligne principale.

La voie coupe ensuite la presqu'île de Saint-Tropez au milieu de forêts de pins. Des roseaux croissent et pullulent au long des talus.

— Un bon produit! me dit l'ingénieur de la ligne, qui se tenait avec moi sur la plate-forme du wagon.

Le regard que je lui jetai équivalait à un point d'interrogation.

— Sans doute, ajouta-t-il. Ce ne sont pas, comme vous le croyez peut-être, des plantes parasites. Non, leur rôle dans la vie sociale est, au contraire, fort sérieux. C'est avec leurs longs tubes qu'on fabrique les mirlitons de la foire de Saint-Cloud. Des industriels les achètent à raison de cinquante centimes le cent, et ces roseaux transformés vont faire le bonheur de Parisiens en goguette.

Le pays a des éléments de richesse plus appréciables, dont le principal est le chêne-liège, fort abondant en ces parages. Quand cet arbre est écorcé, le tronc prend une couleur rouge brique qui s'enlève vivement sur la verdure environnante, et il en a pour dix ans, paraît-il, avant de recouvrer entièrement son écorce.

On retrouve la mer à l'Ardigon. Il fait chaud par ici; l'oranger, le palmier, le cédratier, le mimosa y prospèrent. Des bruyères arborescentes couvertes de fleurs blanches répandent un parfum très doux. Les amandiers sont fleuris aussi ; mais ils n'attendent pas d'ordinaire le mois de février. L'ingénieur me présente leurs excuses : en temps normal, les premières fleurs s'ouvrent le 2 ou le 3 janvier. L'hiver de 1892-1893 s'est fait durement sentir dans le Midi, et la végétation en a été fort retardée.

Voici la plage de Cavalaire, une des plus belles et aussi des plus grandes qu'on puisse rencontrer, car elle ne mesure pas moins de quatorze kilomètres ; voici la ferme du Dattier, accrochée à un chainon de la montagne des Maures et si abritée que les palmiers y produisent des dattes arrivant à pleine maturité. Mais déjà les îles d'Hyères concentrent l'attention.

L'île du Levant se montre d'abord ; ses hauteurs ne dépassent pas cent vingt-neuf mètres, et, cependant, en pleine mer, sans point de comparaison, elles font l'effet de véritables montagnes. Puis c'est Porteros, dont le relief est encore plus accentué, l'ilot de Bagaud, et, à l'ouest, la grande île de Porquerolles. Le chemin de fer serpente à mi-côte. Grâce à ses méandres, le point de vue se déplace et varie sans cesse ; ce ne sont que promontoires chargés de végétation, petites plages de sable fin, écueils rougeâtres caressés par le flot, anses minuscules que la voie contourne comme à plaisir, pour le seul agrément du voyageur. Des pins centenaires déploient leurs amples parasols et font repoussoir aux perspectives fuyantes du rivage. Ce qui est ravissant, c'est la gamme des colorations. La première note est donnée par le vert des arbres, éclatant comme une fanfare, la dernière par l'azur chatoyant du large, et ces tons se fondent avec les nuances intermédiaires dans la plus exquise harmonie.

Le joli village du Lavandou est le terme de ce voyage au bord de la Méditerranée. La ligne quitte la côte et s'engage entre des coteaux plantés de chênes-liège. Elle traverse ensuite la plaine fertile du Gapeau, laisse à gauche les bassins des Salins, touche à Hyères, étagée sur les pentes du Fenouillet, et s'arrête, quelques minutes après, à Hyères-Echange, où l'on retrouve la ligne P.-L.-M. Le trajet a duré un peu moins de quatre heures, et l'incessante variété de ses aspects a tenu la curiosité toujours en éveil. C'est une route de la Corniche aussi, mais dans des proportions très réduites, sans tunnels multipliés, sans rochers écrasants, avec le charme d'une nature constamment gracieuse et l'intérêt qui s'attache à une région encore presque inexplorée.

V

LA TÊTE-DE-CHIEN

Si l'on ne consultait que la distance kilométrique, une excursion sur le littoral italien ne serait qu'une insignifiante promenade, une simple course de banlieue. Mais il faut compter avec le passage de la frontière et les agaçantes lenteurs de la douane. De Menton à San-Remo, par exemple, le parcours ne demande pas moins de deux heures et demie, et cependant il n'y a que vingt-cinq kilomètres, ce qu'un rapide dévore ailleurs en moins d'une demi-heure.

Quand on a franchi le pont Saint-Louis, où se trouve la borne-frontière, c'est Vintimille qui se présente tout d'abord, isolée sur une terrasse que baignent la mer et le torrent de la Roya. Ses rues montueuses amusent un instant le touriste qui s'égare dans leur dédale, mais ne le retiennent pas longtemps. Au nord, un monticule raviné porte les murailles et les tours démantelées du château d'Appio, que les Génois avaient construit pour mieux faire comprendre aux Vintimilliens les bienfaits de leur protectorat.

Bordighera plaît infiniment davantage. Si la Marina qui longe le chemin de fer est d'une parfaite banalité, le Borgo et ses jardins offrent une des plus belles vues du littoral. Partout, aux alentours, les palmiers dressent leurs panaches. On les cultive ici comme à Menton les citronniers. Leurs palmes soigneusement blanchies sont expédiées à Rome pour les cérémonies du dimanche des Rameaux. C'est la famille Bresca qui a le monopole de cette fourniture. Tout le monde connaît l'histoire de ce marin qui, assistant à l'érection de l'obélisque de la place Saint-Pierre, cria de mouiller les cordes, sans se soucier autrement de la peine de mort édictée contre quiconque troublerait le silence. Ses descendants bénéficient encore du privilège qui lui fut accordé par le pape Sixte-Quint en récompense de son intelligente initiative.

A l'époque déjà ancienne où Saint-Pierre voyait s'accomplir les pompeuses solennités de la Semaine sainte, la distribution de ces palmes constituait un spectacle grandiose. Les cardinaux occupaient le chœur de la basilique, dont un immense tapis vert couvrait le pavé. Drapés dans leurs amples robes violettes, ils gardaient sur leur siège une immobilité hiératique. Quand le pape s'était assis au fond de l'abside, chaque cardinal se levait, traversait le chœur, pliait le genou, recevait la palme des mains du pape et se retirait avec la même majestueuse lenteur. A trente ans de distance, je revois nettement ce défilé de « porporati : » Dandrea aux traits fins et distingués, Tosti pliant sous le faix de ses quatre-vingt-dix ans, dom Pitra, long et maigre, serré comme en une gaine dans sa robe noire de bénédictin, Corsi, Guidi, Panebianco, dont on disait alors de chacun qu'il était « papabile, » Villecourt et de Bonald, vieux et cassés tous deux, Milesi, neveu du pape et cardinal avant quarante ans, Antonelli avec son air grave, sa tournure hautaine, son menton carré, ses yeux noirs et perçants... Puis c'étaient les membres du corps diplomatique, tout chamarrés d'or, les officiers géné raux, les dignitaires ecclésiastiques et civils, et, quand les palmes étaient distribuées, une procession fastueuse se déroulait sous les voûtes dorées, entre deux haies de gardes suisses dont les costumes archaïques reportaient l'imagination à trois siècles en arrière.....

Pendant que j'évoquais ces inoubliables splendeurs, le train avait gagné Ospedaletti. C'est une station hivernale de création récente. En moins de dix ans, deux sociétés financières, la Foncière Lyonnaise et la Société Française-Ligurienne, ont transformé la localité. Un casino à trois coupoles, plusieurs grands hôtels entourés de jardins développent à mi-côte leurs claires façades. On affirme que la température d'Ospedaletti est supérieure de deux degrés à celles de toutes les autres stations du littoral ; mais chacune de ces stations se réclame du même avantage et prétend défier la concurrence.

Dix minutes après, on est à San-Remo. Au sortir de la gare, on trouve le cours du Midi, superbe promenade plantée de palmiers, qui part du jardin public et aboutit au jardin de l'Impératrice. Avec deux ou trois grandes rues, c'est la partie chaude, aérée, joyeuse, ensoleillée de la cité. Mais aussitôt qu'on dépasse cette zone, il faut monter à l'assaut de la ville haute, qui s'étage sur le penchant d'une colline en forme de pyramide. Les rues se rétrécissent jusqu'à l'invraisemblance ; les maisons s'enchevêtrent les unes dans les autres ; des arcades les réunissent et les étayent ; des voûtes surbaissées forment de sombres tunnels ; des escaliers s'enfoncent on ne sait où ; à de certains passages, on hésite, on se demande si l'on n'entre pas dans une cave,

dans un coupe-gorge ou même dans
un égout. Il est inutile, au reste, de
chercher à s'orienter dans cet inextricable labyrinthe : toutes les rues
qui grimpent aboutissent nécessairement à la pointe de la pyramide, c'està-dire à l'église de la Madonna della
Costa érigée au faîte de la colline.
L'édifice est d'un goût douteux; mais
quelle perspective de la terrasse voisine! Des montagnes d'un noble
dessin ondulent de promontoire en
promontoire et bordent de leurs festons le grand miroir bleu de la Méditerranée. Le cap Vert barre la vue
à l'est, et, sur sa croupe, blanchit
le sanctuaire de Notre-Dame de la
Garde. Au nord s'ouvrent des vallons où foisonne une végétation
touffue d'orangers et de citronniers ;
des oliviers revêtent les hauteurs, et,
dans l'entrecroisement des pentes,
les Alpes lointaines, comme pour

faire opposition à cette plantureuse verdure, tailladent dans le ciel leurs énergiques arêtes.

On ne se lasse pas de ces points de vue délicieux dont la mer est un des éléments essentiels, et, de Cannes à San-Remo, on n'a que l'embarras du choix. Je n'en connais pas cependant de plus magnifique et de plus complet que celui qu'on a de la Tête-de-Chien, au-dessus de Monaco. C'est vraiment la synthèse de la côte d'azur. D'un coup d'œil, on la découvre tout entière avec ses inflexions, ses promontoires fleuris et ses horizons lumineux.

Si l'on part de Monte-Carlo, on monte d'abord entre des plantations d'oliviers, puis on s'élève sur le flanc d'une courbe agreste, au haut de laquelle on aperçoit la tour d'Auguste, posée au bord d'un escarpement grisâtre. A droite, un énorme rocher porte une colonne désignée sous le nom de Pilier de la Justice. Ce serait un bel endroit pour être pendu, et le charme inexprimable du panorama serait bien de nature à consoler le patient. A l'entrée de la Turbie, un belvédère offre une vue immense; mais il ne faut pas borner là l'excursion, comme le font d'ailleurs tous les touristes. Une bonne route mène en vingt minutes au fort de la Tête-de-Chien, construit récemment sur le promontoire qui semble écraser Monaco. Le génie militaire a pris ses précautions pour éloigner les espions. De nombreux poteaux portent défense de passer. On passe tout de même; mais au fort l'accueil n'est pas encourageant. Je dus parlementer avec le caporal de garde et je finis par obtenir qu'on en référât au commandant. La consigne est si rigoureuse qu'en attendant une réponse l'excellent caporal veillait soigneusement à ce que je restasse dehors. Un de mes pieds dépassait la porte qui donne accès dans la cour extérieure : je fus prié poliment de le retirer en arrière. Quand le commandant survint, il s'excusa fort aimablement de la sévérité des ordres qu'il était contraint d'exécuter et voulut me conduire lui-même au belvédère de la Petite-Tête-de-Chien distant d'une centaine de mètres.

C'est un éblouissement. Le belvédère s'avance en demi-lune, comme la plate-forme d'un bastion, jusqu'à l'extrême bord du rocher en surplomb. Un abime effrayant s'ouvre à vos pieds; à droite, à gauche, des roches nues, déchiquetées, bizarres, menaçantes, se dressent confusément en aiguilles; des murs se cramponnent aux pentes ardues; des escaliers aboutissent à des guérites en poi-

vrières suspendues dans le vide.
L'imagination ne saurait concevoir un
premier plan plus pittoresque et plus
vertigineux. Accoudé sur le parapet,
on plane, comme de la nacelle d'un
ballon, sur le prodigieux horizon.
Dans cette atmosphère limpide, sous
ce ciel uniformément pur, tous les
détails de la côte ligurienne se précisent avec une surprenante netteté. A
l'ouest, la vue porte au-delà du cap
d'Antibes. Par-dessus la presqu'île on
découvre les îles de Lérins; à peu
près sur le même plan, les derniers
contreforts de l'Esterel plongent brusquement dans le golfe de la Napoule.
La baie des Anges décrit sa courbe
avec autant d'aisance et de correction
que si elle avait été tracée au compas. Nice apparaît presque tout entière;
la promenade des Anglais s'allonge
jusqu'au Magnan, entre ses plantations de palmiers, tandis que le Mont-

boron, interposé comme un écran, masque le port et le château. Plus près, la jolie presqu'île de Saint-Jean se relève en collines doucement arrondies ; Beaulieu s'adosse aux rochers rougeâtres de la Petite-Afrique, et à quatre kilomètres, Eze se montre sur un pic tronqué.

Très originale et même un peu fantastique, cette aire de vautour perchée à deux cent vingt-cinq mètres au bord de gouffres étourdissants. Ses vieilles maisons sont si fortement incrustées dans la pierre qu'elles s'identifient avec elle et qu'à première vue on ne distingue guère qu'un sommet dentelé. Puis, par une étrange illusion, il semble que le rocher vous regarde ; il a des yeux qui luisent, et on s'aperçoit que ce sont les ouvertures des maisons, dont on ne soupçonnait pas d'abord l'existence. Eze va, du reste, déclinant. Il n'y a point de source sur le plateau, et les habitants sont obligés d'aller chercher l'eau beaucoup plus bas. Peu à peu ils abandonnent cette retraite incommode. Un jour viendra où la vie se retirera de ce village déserté. Pourquoi ne le conserverait-on pas à titre de monument historique, comme le type le mieux caractérisé des bourgs du moyen âge à l'époque des invasions sarrasines?

Un toit rouge signale la gare de la Turbie-sur-Mer. Une société foncière a essayé de créer, sur cette plage très abritée, une nouvelle station hivernale; mais les voyageurs ont fait défaut, et le vaste hôtel construit à leur intention a dû fermer ses portes.

Immédiatement au dessous du fort, Monaco se blottit sur son rocher bordé de cactus et d'aloès. Il semble qu'on jetterait aisément une pierre dans les jardins du prince. De cette hauteur de cinq cent soixante-quinze mètres, le quartier de la Condamine surtout offre un amusant raccourci. Comme je demandais au commandant de me fixer sur les limites de la principauté :

— Voyez-vous, me dit-il, un monsieur qui tient une ombrelle blanche? C'est là où la principauté commence du côté de l'ouest. Elle finit au levant, sur la route de Menton, à cette voiture attelée d'un cheval gris qui sort de Monte-Carlo.

Voilà des frontières qui ne sont pas imposantes, mais qui sont, au moins, d'une indication facile.

Monte-Carlo profile sur la mer le dôme et les tours élégantes de son casino. A la hauteur de Roquebrune accolée au rocher, le cap Martin étale sa forêt de pins, ses villas, son grand hôtel. Menton s'élève ensuite sur sa colline, si près qu'avec une longue vue on peut reconnaitre quelqu'un sur la plage. Plus loin, c'est Vintimille, pyramidant comme la plupart des villes de la côte. La pointe de Bordighera cache San-Remo ; mais on découvre le cap Vert et, au-dessus de cette mince langue de terre, on voit s'estomper mollement un massif dont la teinte dégradée accuse l'extrême éloignement : c'est, par delà le golfe de Gênes, presque au centre de l'Italie, l'Apennin lui-même, dans la section de la chaine comprise entre Chiavari et la Spezzia.

En tournant le dos à la mer, on suit d'Eze à Menton la route de la Corniche taillée sur le revers de montagnes arides. Un fort nouvellement bâti domine Eze; un autre, qui n'est pas achevé, couronne le mont Agel à une altitude de onze cent quarante-neuf mètres. C'est de ce dernier point, central et dégagé comme le Rigi, qu'on a, paraît-il, la vue la plus complète du pays; mais l'ascension en est toujours chanceuse. Aussitôt qu'un petit nuage se forme dans le ciel, c'est au mont Agel qu'il s'accroche, et l'on risque fort d'y trouver du brouillard, quand le soleil brille partout ailleurs.

A l'arrière-plan du tableau, les Alpes maritimes élancent leurs cimes aiguës et déguisent en partie la nudité de leurs flancs sous un linceul de neige. Mais le regard ne s'y arrête guère. Une irrésistible attraction le reporte toujours au littoral. Cent kilomètres de côtes se déploient dans un ruissellement de lumière, avec leurs gracieuses échancrures, leurs bosquets d'orangers et leurs charmantes cités. L'observation n'a pas d'autres limites que l'horizon lui-même, dont nulle vapeur importune ne diminue l'étendue. On admire longuement cette splendeur, on s'emplit les yeux de ces formes et de ces couleurs qui résument toutes les séductions du Midi, et, quand sonne l'heure du départ, on se prend à regretter qu'un coup de baguette ne vous ramène pas soudain dans les brumeuses régions du nord, sans qu'aucune sensation intermédiaire affaiblisse le souvenir de ce merveilleux spectacle.

www.ingramcontent.com/pod-product-compliance
Lightning Source LLC
LaVergne TN
LVHW051505090426
835512LV00010B/2363